THÉORIE CONSTITUTIONNELLE

DE SIEYÈS.

CONSTITUTION DE L'AN VIII.

THÉORIE CONSTITUTIONNELLE

DE SIEYÈS.

CONSTITUTION DE L'AN VIII.

EXTRAITS DES MÉMOIRES INÉDITS
DE M. BOULAY DE LA MEURTHE.

PARIS.
IMPRIMÉ CHEZ PAUL RENOUARD,
RUE GARANCIÈRE, 5.

AOUT 1836.

Les deux chapitres suivans sont détachés de mes Mémoires. Ils sont intitulés, l'un : *Théorie constitutionnelle de Sieyès;* l'autre : *Constitution de l'an* VIII. Je n'ai pas besoin de faire ressortir la relation qui existe entre eux.

La mort récente de Sieyès m'a déterminé à cette publication partielle. Dans la douleur qu'ont dû ressentir, de la perte de cet illustre citoyen, tous les amis de la cause nationale qu'il a toujours si bien servie, j'ai cru qu'ayant été honoré de sa confiance, c'était pour moi un devoir pieux de déposer sur sa tombe, à peine fermée, cette dernière création de son génie, qu'il avait en quelque sorte commise à ma fidélité.

BOULAY DE LA MEURTHE.

CHAPITRE . . . . . .

———

THÉORIE CONSTITUTIONNELLE DE SIEYÈS.

———

Le 19 brumaire an VIII, après qu'on eut établi un gouvernement provisoire et terminé tout ce qu'on s'était proposé de faire, chacun quitta Saint-Cloud et retourna à Paris; il était environ deux heures du matin. Sieyès me ramena dans sa voiture et me fit coucher chez lui au Luxembourg. Après quelques heures de repos, informé qu'il était debout, j'allai le trouver et je lui dis : « Eh bien ! Citoyen, nous voilà dans le provisoire; c'est un état que je n'aime pas, il faut en sortir le plus tôt possible. J'ai lieu de croire, et c'est l'opinion générale, que vous avez une constitution toute prête : il faut la produire, la discuter et la faire adopter. Il n'y a pas de temps à perdre, on compte généralement sur vous. — J'ai bien quelques idées dans la tête, » me répondit-il, « mais rien n'est écrit, et je n'ai ni le temps, ni la patience de les rédiger. — Eh

I.

bien ! » lui répliquai-je, « si vous voulez, je vous servirai de secrétaire, et vous me dicterez vos idées. »

Sieyès y consentit : il fut convenu que nous nous réunirions dans la matinée toutes les fois que nous serions libres, et nous eûmes en effet, du 20 au 30 brumaire, plusieurs conférences dans lesquelles il me dicta son plan, ou, pour mieux dire, des notes sur les différentes parties de son plan de constitution. Je les ai toutes conservées et je les ai sous les yeux ; elles sont sur des feuilles détachées [1] ; la première est, en partie, écrite de la main même de Sieyès. Elle est très curieuse, surtout en ce qu'elle fait connaître le but qu'il s'était proposé, en prenant part à la révolution. La voici :

I. « De quoi s'agit-il ?

« En 1789, le représentant héréditaire a été ébranlé et bientôt détrôné.

« En voulait-on à l'ordre social ? non.

« On voulait un ordre de choses où tout ce qu'il y avait de bon, d'utile, à plus forte raison de nécessaire, dans la machine sociale alors existante, fût conservé, et l'on devait se contenter d'abattre toutes les institutions royales, féodales, héréditaires auxquelles les véritables et nécessaires

---

[1] Ces feuilles sont au nombre de 23. On lit dans les filigranes des 16 premières et de la dernière ces mots : *République française.* — *Directoire exécutif* encadrés dans des ornemens.

instrumens de la société s'étaient attachés... Ainsi
ayons tout ce qu'il y avait de bon pour faire marcher la chose, ajoutons-y tout ce qui y manquait, et
écartons, détruisons à jamais tout ce qu'il y avait de
mauvais ou de contraire aux principes.

« L'a-t-on fait? non.

« Faut-il renoncer à le faire? non. »

Voilà ce qu'il y a de la main de Sieyès, et qui
compose la première page de sa première note. Voici
ce qu'il me dicta ensuite, et qui est au revers de la
feuille :

« Comment s'y prendre?

« Les moyens d'exécution existent.

« Il faut en revenir aux idées de 1789. »

II. « La démocratie brute est absurde.

« Fût-elle possible, le système représentatif est
bien supérieur, seul capable de faire jouir de la
vraie liberté et d'améliorer l'espèce humaine.

« Démocratie, base du système représentatif et
de l'établissement public.

« Le gouvernement élevé sur cette base est nécessairement représentatif et ne doit pas ressembler
à la base — une république représentative. »

C'est là ce qui se trouve sur la première feuille; sur
la deuxième, entièrement écrite par moi, ainsi que les
suivantes, sous la dictée de Sieyès, on lit ce qui suit :

« Régime représentatif n'est pas seulement nécessité par l'étendue du territoire et le nombre des

habitans. Dans tous les cas, même dans celui du plus petit territoire, il est certain *qu'il y a tout à gagner pour le peuple à mettre en représentation toutes les natures de pouvoirs dont se compose l'établissement public.*

« Les plus chauds partisans de la démocratie brute, dans l'association la plus favorable à cette manière de traiter les affaires, n'entendent cependant point mettre la démocratie dans la partie exécutrice, administrative, judiciaire et autres parties du service public.—Ils la veulent seulement dans l'ordre législatif. — Il s'agit donc de mettre la fonction législature en représentation, pour avoir le régime représentatif.

« La différence qu'il y a entre un régime démocratique et celui représentatif, c'est que dans ce dernier, il faut mettre la législature en représentation, puisque faire représenter la démocratie, c'est confier à des représentans choisis pour *légisférer*, tous les pouvoirs qu'exercerait le peuple resté en démocratie. Il suit que hors l'élite représentative, nul n'a droit de représenter, nul n'a droit de parler au nom du peuple. »

J'ai mis ces deux feuilles exprès sous les yeux du lecteur, afin de lui faire voir en quoi consistait la dictée de Sieyès. Toutes les autres sont à-peu-près dans le même genre, ne renfermant guère que des idées principales, mais suffisantes pour donner l'in-

telligence du plan général. D'ailleurs, il les déve-
loppait davantage dans la conversation.

Il y a plus : notre engagement n'était pas tout-à-
fait sans condition. Sur sa demande, je lui avais
promis de mettre son système sous les yeux des sections qui devaient préparer la nouvelle constitution
et même de me charger du rapport qui la précéde-
rait; étant bien entendu toutefois que je ne renon-
çais pas au droit, après avoir exposé ses idées, de
les discuter et même de les combattre, si je croyais
devoir le faire, dans le sein des commissions. Je de-
vais donc chercher à bien connaître ce système, et
c'est aussi à quoi je m'appliquai, soit en lui deman-
dant des éclaircissemens, soit en mettant par écrit les
observations qu'il avait faites et celles que je faisais
moi-même ou seul ou avec lui, et heureusement j'ai
conservé ces observations, qui devaient être le fond
de mon rapport, lequel est resté inachevé par les
raisons que j'exposerai plus loin.

Je ne suis donc pas moins en état aujourd'hui
que je l'étais alors de faire connaître la constitution
de Sieyès, qui ne se retrouve que très incomplète-
ment dans celle de l'an VIII, où manque, entre autres choses, un point essentiel, auquel il attachait
une grande importance; je veux parler de la forme
du gouvernement qu'il avait conçue et proposée, et
qui ne fut point admise, non plus que d'autres
objets qu'il avait à cœur aussi de faire adopter.

Aujourd'hui, c'est le projet tout entier, tel que Sieyès me le dicta et me l'expliqua, que je vais mettre sous les yeux du public. Je m'y détermine, d'abord parce que j'ai lieu de croire que j'en suis le principal, sinon l'unique dépositaire, et ensuite parce que Sieyès n'ignorait pas et que même il approuvait l'intention que j'avais toujours eue de le publier. Il paraît bien que lui-même n'avait jamais conservé aucun document, ni aucune note à ce sujet; et, à cet égard, je puis citer une anecdote. En l'an VIII, le gouvernement helvétique, voulant se donner une nouvelle organisation, envoya à Paris un de ses membres, en lui recommandant de voir Sieyès et de lui demander un projet de constitution. Sieyès me l'adressa, en lui disant que j'étais le seul possesseur de ce qu'il avait fait là-dessus.

J'ai cru nécessaire de donner ces explications préalables, sur la manière dont le plan de Sieyès était venu en ma possession, et sur son authenticité; maintenant, je dois l'exposer en détail, en ayant soin de faire observer que ma tâche se borne ici à être exact, à lier les idées entre elles et à leur donner les développemens convenables, sans avoir en aucune façon la prétention de les juger.

Sieyès, admettant que le gouvernement représentatif est le meilleur de tous, même pour les petits états, et qu'il est de la nature de ce régime que tous les genres de pouvoirs qui composent l'établis-

sement public, soient mis en représentation, en tirait d'abord cette conséquence, que le *simple citoyen,*
celui qui ne faisait pas partie du corps représentatif,
ne pouvait pas prétendre au droit de parler, et
moins encore au droit d'agir au nom du peuple.

Que laissait-il donc à ce citoyen ? le droit d'un
simple associé, celui de jouir du bénéfice de l'association, c'est-à-dire d'exercer librement ses facultés
et son industrie; de soigner de même son bien-être,
sa chose privée, sous la protection et la garantie
des lois et du gouvernement : au lieu que l'individu
représentant, par cela seul qu'il est revêtu de ce caractère, a toujours le droit, dans la sphère de son
pouvoir public, de parler et d'agir au nom du peuple; si bien qu'à cet égard, il n'y a plus d'égalité
politique entre l'un et l'autre.

Sieyès insistait sur ce point, ayant surtout en vue
de présenter comme une usurpation la prétention
de ces sociétés, qui, *se qualifiant de populaires,*
s'arrogeaient le droit de parler et de *pétitionner* au
nom du peuple. Du reste, jamais personne n'accorda
une liberté plus ample au simple citoyen que celle
que lui reconnaissait Sieyès, soutenant qu'elle doit
s'étendre à tout ce qui n'est pas défendu par la loi
et ne nuit point au droit d'autrui.

Dans son discours à la Convention sur le *jury
constitutionnaire,* « rendons, disait-il, cet hommage
solennel à la liberté individuelle, pour laquelle tout

est fait, tout existe dans l'ordre politique. J'ai souvent entendu parler de la *cause finale* du monde et
de tout ce qu'il renferme ; il est bien plus vrai de
dire que la *cause finale* de tout le monde social,
doit être la liberté individuelle. »

Il avançait ensuite ces deux propositions, comme
fondement de son système :

1° *Nul ne doit être revêtu d'une fonction publique, que par la confiance de ceux sur lesquels doit
s'exercer cette fonction ;*

2° *Nul ne doit être nommé fonctionnaire par
ceux sur lesquels doit peser son autorité.*

Ces deux propositions, que nous allons successi-
vement développer, Sieyès les appliquait à tous les
genres de pouvoirs publics, à ceux de l'ordre législatif comme à ceux de l'ordre exécutif.

Selon lui, l'autorité doit toujours venir d'*en haut*,
c'est-à-dire de la représentation nationale ou du peuple représenté ; mais pour ne tomber que sur des
têtes investies de la confiance publique, et désignées
par elle.

De cette manière, le gouvernement est toujours
national et jamais *local*. Il est toujours *national,*
parce que le pouvoir souverain qui le constitue, ré-
side essentiellement dans le peuple représenté, et
que toutes les fonctions qu'il délègue, émanent de
cette source. Il n'est jamais *local*, parce que le simple citoyen ne peut représenter que lui-même, et

que n'ayant pas, comme nous l'avons dit, le droit de parler et de pétitionner au nom du peuple, il a bien moins encore le droit de conférer au nom du peuple une autorité quelconque.

Mais comment ces idées peuvent-elles se concilier et se coordonner? D'abord par les listes de *confiance et de notabilité*, dont nous allons expliquer la formation, la nature et l'objet.

Sieyès, partant de la division territoriale de la France en départemens (et l'on sait que c'était sur sa proposition principalement, que cette division avait été décrétée par l'Assemblée constituante), partageait ensuite chaque département en *grandes communes ou arrondissemens communaux* : seconde division qui n'avait point été admise par cette Assemblée, laquelle avait préféré le système des municipalités, dont le nombre s'élevait à 44 mille, attendu qu'il embrassait non-seulement les villes, mais encore *tous* les villages, formant autant de communautés séparées, auxquelles avait été donnée la même administration municipale qu'aux plus grandes villes. Mais Sieyès en revenait à ses grandes communes, qu'il composait de 36 à 40 lieues carrées chacune, et dont il faisait la base de son système, non-seulement administratif, mais encore politique.

Supposant donc la France composée de 30 millions d'individus, et retranchant tout ce qui n'était

pas et ne pouvait pas être citoyen, tels que les femmes, les enfans, etc., il évaluait le nombre des citoyens à 6 millions, lesquels se trouvaient répartis, en plus ou moins grand nombre, entre tous les arrondissemens communaux. Or, il voulait que les citoyens de chaque arrondissement, réunis de la manière qui leur serait la plus commode pour la facilité des communications et de l'élection, se réduisissent au dixième d'entre eux, en formant une liste de ceux de leurs concitoyens de l'arrondissement qui avaient le plus leur confiance. De cette opération, faite dans chaque arrondissement, résultait pour toute la République une liste générale de 600 mille citoyens les plus notables. C'était la liste de confiance du premier degré, la *liste communale*.

A cette première opération, en succédait une seconde, qui avait pour objet la composition d'une liste *départementale*, ou du second degré. Cette liste se formait par la réduction au dixième de toutes les listes communales de chaque département, réduction qui se faisait par les citoyens, portés sur ces listes, et réunis en autant d'assemblées que le demandait la facilité des communications et l'opportunité du voisinage. Cette opération, ainsi faite dans chaque département, donnait pour résultat une liste générale de 60 mille citoyens les plus notables entre les 600 mille de la liste communale.

On devine déjà bien quelle est la destination de

ces deux listes, l'une communale, l'autre départementale : c'est d'être listes d'éligibilité, la première
pour les fonctionnaires de l'arrondissement communal, la seconde pour les fonctionnaires du département. Mais outre les fonctionnaires publics de ces
deux degrés, il faut des fonctionnaires nationaux, et
par conséquent une liste nationale, où ils soient
choisi. Et comment s'accomplira la formation de
cette liste nationale, liste du troisième et du plus
haut degré ? D'abord, par la réduction au dixième
des listes départementales, réduction qui ne pourra
être faite que dans chaque département et par les
notables départementaux, l'étendue géographique
de la France ne permettant pas d'en agir autrement.
Ensuite, par une épuration que subiront ces listes
départementales ou du second degré ainsi réduites.
En effet, elles ne sont encore, à cet état, que les
élémens de la liste nationale ; pour que celle-ci ait
vraiment le caractère de nationalité et soit publiée
comme nationale, il faut qu'elle reçoive ce caractère
et cette publication du *collège des conservateurs*
(Nous dirons tout-à-l'heure ce que c'est que ce collège). Toutes ces listes élémentaires de la liste nationale lui sont adressées : il les examine, il recueille
à leur égard tous les renseignemens dont il croit
avoir besoin, ayant près de lui, à cet effet, un bu-
reau de correspondance et de droits politiques. Il
peut rayer de ces listes jusqu'à un dixième de ceux

qui y sont inscrits. C'est un droit de censure qui lui est accordé et qu'il exerce sur les électeurs de département, en effaçant les choix que l'intrigue, la corruption ou l'insouciance auraient pu faire ou laissé faire. Cette épuration achevée, il arrête la liste, lui imprime le sceau de nationalité et la publie comme nationale. Elle est, comme on voit, composée au plus de six mille citoyens et de cinq mille quatre cents au moins, lesquels sont seuls éligibles aux fonctions nationales.

Quel est le besoin, et par conséquent le vœu réel et constant d'un peuple quelconque? C'est assurément, ne pouvant pas se gouverner lui-même, d'être gouverné par les hommes les plus probes, les plus instruits et les plus zélés pour son bien-être, en un mot par les hommes qui ont le plus sa confiance. Mais qui a le droit de désigner, de choisir ces hommes? lui-même, lui seul. Il en est d'un peuple comme de tout particulier. Quand un individu ne peut pas vaquer à ses affaires, soit par défaut de temps, soit par défaut de lumières ou par tout autre empêchement, que fait-il? il cherche autour de lui l'homme qu'il croit le plus capable de les bien faire, il le choisit et lui donne sa procuration, exerçant en cela un droit naturel que personne ne peut lui ravir sans injustice et sans tyrannie. Tout peuple, toute portion de peuple a le même droit pour la chose publique, la chose commune;

c'est donc à ce peuple, à cette portion de peuple à
désigner les hommes qui ont le plus sa confiance,
pour gérer l'intérêt qui le constitue en commu-
nauté.

Et remarquez qu'ici la plus grande latitude est
laissée à la confiance qui choisit; elle n'est restreinte
par aucune entrave, aucune condition d'éligibilité.
Ainsi, par exemple, la fortune peut, sans doute,
influer comme moyen de considération dans le choix,
mais elle n'en est pas un élément nécessaire; aussi,
lors de la discussion qui eut lieu dans le sein des
commissions, quelqu'un ayant demandé que les listes de notabilités fussent réglées sur un tarif des
fortunes, Sieyès s'y opposa fortement, en disant que
cette idée était *aristocratique,* et que la sienne était
seule vraiment républicaine; et il eut pour lui l'as-
sentiment de la grande majorité.

Pour que ces listes fussent toujours complètes et
ne comprissent jamais que des hommes revêtus de
la confiance publique, Sieyès voulait que, chaque
année, elles fussent soumises à la révision des citoyens qui les avaient formées, afin d'en effacer les
morts, ceux qui auraient changé de domicile politique, et tous ceux qui, pour une cause quelconque,
auraient perdu la confiance de leurs concitoyens. Ce
travail commençait nécessairement par les listes
communales, bases de tout le système. Si un citoyen
en était rayé, il s'ensuivait qu'il ne pouvait plus être

employé dans les offices communaux; mais si ce citoyen était lui-même porté, soit sur la liste départementale, soit sur la liste nationale, il ne pouvait
plus en être effacé qu'à la majorité des voix des
citoyens portés sur ces listes; et si, pour cette
épreuve, il croyait devoir changer de domicile politique, il avait un an pour le faire.

Il est donc bien entendu que, dans ce système, il
y a trois degrés ou listes de notabilité ou d'éligibilité, comme trois degrés de fonctions publiques,
et que chaque liste est composée de manière à cor-
respondre à l'importance des fonctions pour laquelle
elle est dressée; de sorte que les fonctions communales ne peuvent être remplies que par des notables
de l'arrondissement communal; les fonctions départementales, que par des notables départementaux,
et les fonctions nationales, que par des notables
nationaux.

Ainsi se réalise le premier principe posé plus haut,
que *nul ne doit être revêtu d'une fonction qu'avec
la confiance déclarée, manifeste et constante de
ceux sur qui s'exerce cette fonction.*

Appliquons maintenant le second principe, que
*nul ne doit être nommé fonctionnaire par ceux sur
qui doit peser son autorité.*

Sieyès était convaincu que toute autorité, dans
quelque degré qu'elle fût établie, devait être assez
forte, assez imposante, pour se faire obéir et res-

pecter. Hors de là, il ne concevait ni gouvernement,
ni ordre social, et voilà pourquoi il voulait que l'autorité vînt toujours d'*en haut*; non qu'il prétendît
la faire descendre du ciel à la manière des partisans
du droit divin. Personne n'admettait plus franche-
ment que lui le principe fondamental de tout gouvernement libre, celui de la souveraineté du peuple :
c'est dans le peuple qu'il plaçait la source de tous
les pouvoirs publics; c'est, par conséquent, du peuple que, selon lui, devaient émaner tous les pouvoirs
directement ou indirectement.

Mais qu'est-ce qu'un peuple? Est-ce simplement
une multitude plus ou moins nombreuse d'individus,
éparse, confuse, sans liaison, sans condition, sans
unité d'existence? Non, sans doute, ce serait nous
ramener à l'état sauvage. Il faut qu'un peuple, pour
être peuple ou corps politique, soit organisé pour
vivre et agir de la manière la plus conforme à ses
besoins et à ses intérêts. Il lui faut une volonté qui
soit une, une force qui soit une aussi : c'est par là
qu'il est vraiment souverain, car sa souveraineté
n'est autre chose que sa volonté et sa force réunies: sa volonté par laquelle il s'impose des règles,
et qui constitue son pouvoir législatif; sa force par
laquelle il fait exécuter ces règles, et qui constitue
ainsi son pouvoir exécutif. Il lui faut enfin un établissement public, et on sent que c'est des bases,
des principes et de la forme de cet établissement

2

que proviennent l'indépendance, la sûreté, la liberté et le bien-être plus ou moins étendu de ce peuple.

Voyons donc comment était organisé l'établissement constitutionnel que Sieyès proposait pour la république française. Nous savons déjà que la liberté, l'égalité des droits, l'homogénéité des personnes en étaient les bases ; qu'il ne voulait y souffrir ni privilège, ni monopole, ni droit héréditaire politique ; que, dans son opinion, le gouvernement représentatif étant le seul qui convînt à la nation, il fallait qu'elle mît en représentation tous les pouvoirs qu'il ne lui était pas loisible d'exercer elle-même, du moins d'une manière qui lui fût facile et avantageuse ; de telle sorte que cet exercice ne fût confié qu'à ceux de ses membres qu'elle considérait comme les plus honnêtes, les plus éclairés et les plus dévoués à son bien-être ; et que, pour être plus assurée qu'il en serait ainsi, elle devait les désigner elle-même, en s'assujétissant à divers degrés d'épuration, qui donnassent pour résultats des listes de confiance et d'éligibilité, analogues à l'importance des choix qui devaient être faits sur ces listes ; que tout cela étant dans le plus grand intérêt de la nation, on ne devait pas douter que ce ne fût aussi le premier et le plus constant de ses vœux.

On voit que, par la destination et l'effet de ces listes, la nation se trouve divisée, et cela par son

propre fait, en partie *gouvernante* [1] et en partie
gouvernée ; que celle-ci forme la masse nationale
pour laquelle, comme nous l'avons dit, tout doit
être fait dans l'ordre politique; que la partie gouvernante, bien que très petite, comparée à cette
masse nationale, excède encore de beaucoup. le
nombre des fonctionnaires publics nécessaire à chaque degré d'administration; car il est bien évident
qu'il ne faut pas six cent mille fonctionnaires pour
administrer tous les arrondissemens communaux,
ni soixante mille pour administrer les départemens,
ni enfin six mille pour les fonctions nationales. Il y
a donc encore un choix à faire dans chaque liste,
pour le nombre des fonctionnaires nécessaire à chaque division territoriale, ainsi qu'à la totalité du
territoire.

Or, par qui sera fait ce choix? Est-ce par ceux
sur qui s'exercera le pouvoir attaché à la fonction?
non; car l'exercice de ce pouvoir exigeant subordi-
nation et obéissance de leur part, il serait en quelque
sorte contre la nature des choses, que le fonctionnaire reçût d'eux le pouvoir. Il serait à craindre
qu'il ne l'exerçât que mollement, et même avec
partialité, s'étudiant à plaire à ceux de ses adminis-

---

[1] Par partie *gouvernante*, Sieyès et moi nous entendions la partie de
la nation, qui est apte ou qui prétend à gouverner l'autre. J'ai expliqué
cette théorie dans mon *Essai sur les révolutions d'Angleterre*.

2.

trés qui auraient le plus d'influence dans les élec-
tions ; au lieu qu'étant choisi et installé dans sa
fonction par un pouvoir supérieur et plus éclairé,
il sera bien plus indépendant de toutes ces influen-
ces particulières, et plus libre de remplir son devoir
avec fermeté, et avec une justice égale pour tout le
monde. Et c'est dans ce sens que Sieyès voulait
que le pouvoir vînt toujours d'en haut ; qu'ainsi, les
fonctionnaires de l'arrondissement fussent choisis
dans la liste communale par les fonctionnaires départementaux, et ceux-ci choisis eux-mêmes dans
la liste départementale par un pouvoir supérieur.

Mais les fonctionnaires nationaux, qui les choi-
sira et leur conférera le pouvoir qui doit s'exercer
sur toute la nation ? C'est ici que va se développer
plus spécialement la théorie constitutionnelle de
Sieyès. En analysant le corps politique, il réduisait
les pouvoirs publics à deux principaux, le pouvoir
législatif et le pouvoir exécutif ; d'où il concluait
qu'il fallait admettre deux classes de fonctionnaires,
l'une appartenant à l'ordre législatif, et l'autre à
l'ordre exécutif. Conséquemment à cette division,
il plaçait au sommet de la hiérarchie politique deux
puissances électorales, l'une pour les fonctionnaires
de l'ordre législatif, l'autre pour les fonctionnaires
de l'ordre exécutif.

Voyons d'abord en quoi consistait la première.
C'était encore une des attributions de ce *collège des*

conservateurs, dont nous avons déjà parlé. Nous avons vu qu'il était chargé de recevoir les listes élémentaires de la liste nationale, de les examiner, de les épurer, en usant de la faculté d'en retrancher jusqu'à un dixième, d'en composer une liste générale, d'y mettre le sceau de la nationalité, et de la publier officiellement comme liste nationale.

La seconde attribution, dont Sieyès dotait ce collège, consistait à choisir dans la liste nationale, les représentans de l'ordre législatif. Et comment constituait-il cet ordre? Il établissait un corps, ou pour mieux dire, un jury législatif, composé de 400 membres, dont un au moins serait pris dans chaque département, et qui serait renouvelé chaque année, par quart, et cela sans que les membres sortans fussent immédiatement rééligibles. La mission de ce corps, était de statuer sur les intérêts généraux de la société, de faire les lois, c'est-à-dire les actes *imposant obligation aux citoyens*; car, c'est ainsi que Sieyès définissait la loi, la distinguant des réglemens de l'autorité exécutive, qui, selon lui, ne pouvaient être obligatoires que pour les fonctionnaires publics.

Mais ce corps législatif qu'il proposait, ressemblait-il aux assemblées législatives qui avaient existé jusque-là; c'est-à-dire, pouvait-il agir spontanément soit sur la proposition d'un de ses membres, soit sur des rapports de commissions, nommées par lui dans son sein? Non, disait Sieyès; car c'est précisément cette faculté indéfinie, qui faisait de ces assemblées autant de foyers d'activité funeste, où l'irréflexion, la précipitation, l'effervescence et le choc des passions agitaient tous les esprits, et faisaient prendre des déterminations, dont la plupart étaient dangereuses ou inutiles.

Par qui donc entendait-il que ce corps fût mis en action? car, d'un côté, la société ayant ses besoins, et, de l'autre, le gouvernement ayant les siens, il fallait bien qu'il y pourvût, puisque c'était là sa destination. Nous avons dit que, hors l'élite représentative, nul citoyen n'avait le droit de parler et de pétitionner au nom du peuple. Le peuple en corps ne peut pas non plus agir par lui-même dans un état comme la France; il ne le peut que par des représentans. Le seul moyen de résoudre ce problème est donc de lui accorder une classe de représentans, choisis tout exprès pour faire connaître ses besoins et demander qu'il y soit statué.

Or, c'est ce que faisait Sieyès, en établissant sous le nom de *tribunat*, un corps spécial ayant cette mission. Ce tribunat devait être composé d'autant de membres qu'il y avait de départemens, et chaque département devait y avoir son représentant, afin que les besoins et les intérêts de chaque partie de la nation fussent connus, protégés et défendus. Ces tribuns étant destinés, par leur position, à devenir des orateurs et des hommes d'état, Sieyès voulait qu'ils fussent rééligibles à toujours, attendu qu'une fois qu'ils auraient acquis les talens et les lumières qui en feraient des hommes utiles et importans, ce serait une trop grande perte pour la chose publique qu'ils fussent exclus, même momentanément, d'une carrière dans laquelle ils se seraient distingués.

Puisque la mission des tribuns était de pétitionner pour le peuple, d'exposer ses besoins, de soutenir ses intérêts, il fallait donc qu'ils eussent près du jury législatif une tribune que Sieyès appelait *tribune de pétition populaire.*

Quant aux besoins du gouvernement, c'est aussi à ce jury qu'ils devaient être soumis, et cela par un conseil d'état qui, par conséquent, devait également avoir sa tribune près de ce corps. Or, on sait que la tendance naturelle du gouvernement est d'augmenter sans cesse ses attributions et ses prérogatives, et de demander toujours au-delà de ses besoins; au lieu que celle du peuple est de refuser toujours, ou au moins de n'accorder jamais que le moins possible; de sorte qu'il doit y avoir une opposition habituelle entre les orateurs des deux tribunes. Il y a donc débat, il y a plaidoirie devant le corps législatif; il faut donc que celui-ci ait la contenance et l'impartialité d'un jury ou d'un tribunal de juges; il faut qu'il écoute en silence les deux parties; et comme il ne doit avoir d'autres règles de décisions que l'intérêt public, il accordera au gouvernement tout ce qui est nécessaire à ses légitimes besoins, et conservera au peuple la plus grande étendue possible de liberté et de ressources.

Il est inutile de dire que les membres du tribunat devaient être choisis, comme ceux du jury législatif, par la puissance électorale attribuée au collège des conservateurs. Mais qu'était-ce donc que ce collège, et à quel titre devait-il jouir d'un droit qui jusque-là n'avait été exercé que par des électeurs nommés par le peuple lui-même dans ses assemblées primaires? Nous le dirons tout-à-l'heure, mais auparavant voyons ce que c'était que la puissance électorale de l'ordre exécutif, et comment l'auteur de cette théorie organisait le pouvoir constitutif de cet ordre.

Le mot de *gouvernement,* dans son acception la plus étendue, s'applique à l'exercice de tous les pouvoirs publics; il comprend l'ordre législatif aussi bien que l'ordre exécutif; il comprend même la souveraineté. Mais ce mot se prend aussi et même habituellement dans une acception plus restreinte, et comme ne désignant que l'ordre exécutif. C'est dans ce dernier sens que Sieyès l'entendait ici, de manière à dire indistinctement ordre exécutif ou gouvernement.

Or, il dressait son ordre exécutif sur une échelle composée de plusieurs degrés, par lesquels on la montait, ou on la descendait. Là, comme dans l'ordre législatif, la confiance venait d'*en bas* et le pouvoir d'*en haut*, de sorte que les degrés d'éligibilité correspondaient à l'ordre exécutif comme à l'ordre législatif, pour le choix des fonctionnaires.

Au plus haut degré de l'échelle gouvernementale, ou pour mieux dire au dessus de cette échelle, Sieyès plaçait une puissance électorale, possédant en soi tout le pouvoir nécessaire pour communiquer la vie et le mouvement à la machine exécutive. Et cette puissance, à qui la donnait-il? Est-ce à plusieurs, comme dans la constitution de 1793, ou dans celle de l'an III? non; il ne la confiait qu'à un seul citoyen, qu'il établissait magistrat suprême dans l'ordre exécutif, et qu'il appelait *grand-électeur*. Et comme il avait à cœur de dissiper les préventions, les craintes et les fausses espérances que la création de ce magistrat pouvait inspirer, il s'attachait à le bien définir, en montrant d'un côté, ce qu'il n'était pas, et de l'autre, ce qu'il était.

D'abord, disait-il, ce grand-électeur n'est pas un despote; car le despote est celui qui réunit dans sa main tous les pouvoirs publics, et le grand-électeur n'a que des attributions spéciales et limitées.

Ce n'est pas un roi, car il lui faudrait des *sujets*, et dans la République française, les citoyens ne sont sujets que de la loi. Le grand-électeur n'a pas le droit de commander au citoyen le plus obscur, et bien moins encore le pouvoir de l'offenser, ni de lui nuire en rien.

Il n'est pas héréditaire, et ne peut invoquer en sa faveur aucun droit préexistant à sa nomination ; il est simplement l'homme de la nation, et créé en son nom, pour satisfaire à un besoin national.

Il ne gouverne pas; il n'a pas même la signature des actes de gouvernement, car il en serait responsable, et il ne doit pas l'être. Que fait-il donc? il nomme simplement les chefs du gouvernement; il observe leur conduite, se fait rendre compte de l'état des choses, et quand il trouve qu'il est de l'intérêt public de les révoquer, il les révoque et les remplace, et cela sous la seule influence de sa raison, de son patriotisme, et de l'opinion publique bien constatée.

Ces chefs du gouvernement, Sieyès les réduisait à deux, qu'il désignait sous le nom de *consuls*, l'un pour l'extérieur, l'autre pour l'intérieur. Il mettait dans le lot du premier, l'armée de terre, la marine, les colonies, et tout ce qui pouvait concerner les rapports de la République avec les autres gouvernemens. Au second, il attribuait la police, la justice, les finances et l'intérieur proprement dit, à l'exception pourtant de ce qui était relatif aux listes d'éligibilité et à la garde nationale, objets réservés au collège des conservateurs.

Il accordait à chaque consul, comme moyens de

gouvernement, un conseil d'état, une chambre de
justice politique et des ministres. Le consul prési-
dait son conseil d'état et en nommait les membres;
il nommait également ceux de sa chambre de justice
politique, ainsi que ses ministres.

Chaque conseil d'état était investi de quatre attributions principales : 1° comme organe du gouvernement, il rédigeait et proposait au Corps-Lé-
gislatif les lois qu'il prétendait être nécessaires,
ayant en cela pour contradicteur le tribunat, dont
il était lui-même le contradicteur quand c'était le
tribunat qui proposait. 2° Il était jury d'exécution
pour les lois rendues, lorsque les ministres deman-
daient une interprétation ou la confirmation d'un
ordre contesté. 3° Il devait faire les réglemens imposant obligation aux fonctionnaires et employés.
4° Il statuait sur les réclamations adressées contre
les ministres par des fonctionnaires inférieurs ou
des citoyens, mais seulement dans le cas où ces réclamations appartenaient purement à l'ordre administratif, et n'étaient pas du ressort des tribunaux
ordinaires, ni des chambres de justice politique. Il
n'y avait d'autre différence entre les deux conseils
d'état qu'en ce que celui du consul de l'extérieur
était moins nombreux et plus secret.

Quant aux chambres de justice politique, il y a
cette première observation à faire, qu'elles ne pouvaient jamais étendre leur juridiction sur les ci-

toyens, ni par conséquent empiéter sur les tribunaux ordinaires, établis pour le jugement des intérêts
civils, ou pour la poursuite et la punition des cri-
mes et délits qui blessent la société. Ces chambres,
en effet, n'étaient qu'un instrument de gouvernement à l'égard des fonctionnaires publics, assujétis,
comme tels, à la législation réglementaire qui tra-
çait leurs devoirs, et déterminait des peines en cas
de violation de ces devoirs. Elles avaient pour objet
de prévenir les négligences, de corriger les fautes,
et d'imprimer aux affaires une marche rapide et
régulière. Les deux chambres de justice politique
affectées aux deux consuls s'appelaient *hautes
chambres*; elles ne siégeaient que temporairement
et leur compétence s'étendait aux délits officiels des
ministres, des conseillers d'état et des grands juges. [1]

Sieyès voulait autant de ministres qu'il y a de
parties essentielles et distinctes dans le service public; il en portait le nombre à quatorze. C'est à eux
qu'il attribuait le pouvoir exécutif proprement dit.
C'étaient, selon lui, les vrais *procurateurs du service public*. Chacun était chef unique dans sa partie,
attendu que, dans l'ordre exécutif, il ne doit pas

[1] Par *grands juges*, Sieyès entendait parler de ceux dont la juridic-
tion, dans son système, s'étendait à toute la France. — Voyez son
*Aperçu d'une nouvelle organisation de la justice et de la police en
France*.

y avoir *délibération*, mais *action*. Les ministres choisissaient dans les listes départementales les agens dont ils avaient besoin, leur imprimant par cette nomination le caractère de fonctionnaires publics. Ceux-ci nommaient leurs employés. Chaque ministre avait aussi près de lui une chambre de justice qu'on nommait *chambre inférieure*, qui était permanente et où il traduisait ses subordonnés en faute, dans toutes les branches de l'*exécution*.

Les fonctionnaires départementaux étaient autant d'agens intermédiaires, et, en quelque sorte, des bureaux de transmission et de correspondance entre les ministres et les fonctionnaires communaux qu'ils choisissaient, ainsi que nous l'avons vu dans les listes communales. Les ordres ministériels leur étaient adressés, et ces fonctionnaires, en les faisant parvenir à ceux des arrondissemens communaux, en ordonnaient et en surveillaient l'exécution. C'est, en effet, dans les arrondissemens communaux que l'administration proprement dite avait lieu. C'est là que s'exécutaient toutes les lois; là que s'arrêtaient tous les ordres; là que se discutaient et se formaient toutes les demandes relatives aux besoins. Car là était la masse des intérêts; là était le peuple pour le bien-être duquel, il faut le répéter encore, tout doit exister, tout doit s'accomplir dans l'ordre politique.

C'est ainsi que Sieyès organisait l'ordre exécutif. On comparait ce système à une pyramide, assise sur

une base immense, et se terminant en pointe. La
base, c'était la totalité du territoire et la masse du
peuple; la pointe, c'était le magistrat suprême, le
grand électeur, placé à la hauteur la plus élevée,
pour observer de là toute l'étendue de l'horizon politique, y dissiper les nuages, et y rétablir la séré-
nité. En effet, sans être roi, ce magistrat qui était
à vie, avait dans sa prérogative de quoi produire
tout le bien qu'on attend de la royauté. Son existence seule assurait l'unité du pouvoir exécutif. Elle
empêchait la naissance et le danger des ambitions
inquiètes et turbulentes, ou les anéantissait d'un
mot.

Cependant Sieyès ne bornait pas à la nomination des chefs du gouvernement l'office du grand-
électeur. Il voulait que ce magistrat fût encore le
représentant de la France à l'égard des nations
étrangères, non pour commander les armées en cas
de guerre, ni pour négocier avec les autres états les
traités d'alliance et de commerce, mais pour représenter envers eux l'unité, la dignité et la grandeur
de la nation. Il voulait donc qu'il fût environné
d'un certain éclat, qu'on le logeât dans un palais
national, et qu'on lui assignât un revenu suffisant
pour remplir cette destination; et ce revenu, il le
portait à 5 millions. Ainsi ce n'était pas une cour
qu'il voulait établir, une cour, comme il le disait,
peuplée d'intrigans et de flatteurs, toujours occupés

à demander des places et de l'argent. Le grand-
électeur ne pouvait disposer que de deux places;
il ne pouvait pas faire donner la moindre pension,
et 5 millions ne lui auraient pas suffi pour as-
souvir la cupidité des flatteurs. La maison et le revenu qu'on lui assignait, le mettaient simplement
en état d'accueillir avec distinction tous les étran-
gers célèbres, ainsi que les nationaux soit fonctionnaires publics, soit simples citoyens, recommanda-
bles par leurs talens et leurs services dans les lettres,
dans les arts et les sciences, dans toutes les car-
rières utiles et libérales. Le but était parfaitement
rempli, si, d'être invité ou reçu par le grand-électeur, c'était un titre d'honneur et une récompense.

Mais ce grand, cet essentiel magistrat et dans
l'ordre politique et dans l'ordre moral, n'étant pas
héréditaire, qui avait droit de l'élire? Car il ne
descendait pas du ciel, à la manière des rois; il ne
pouvait pas être donné par l'étranger; il fallait qu'il
fût Français et choisi sur la liste nationale comme
éminemment distingué par ses services, son expérience et son patriotisme. Le peuple, disséminé sur
un si vaste territoire, ne pouvait pas s'entendre et
se concerter sur un tel choix, qui pourtant devait
être essentiellement populaire. Il ne pouvait donc
être fait que par une autorité représentative de toute
la nation, et qui, planant sur tout l'état, était la
plus capable de connaître et d'exprimer son vœu.

Or cette autorité, c'était, selon Sieyès, *le Collège des Conservateurs.*

Voyons d'abord, comment il le composait. Il créait cent places, dont quatre-vingts devaient toujours être remplies. Les vingt autres restaient vacantes d'abord, pour que le revenu qui y était attaché, servît aux dépenses de l'établissement; et en second lieu, afin qu'il y eût toujours pour le collège moyen de faire les nominations extraordinaires, qu'il regardait comme nécessaires et dont il sera parlé plus loin.

Ce corps était appelé *Collège des Conservateurs,* parce que sa principale destination était de maintenir la constitution dans toute sa pureté, soit en statuant sur les difficultés d'application et les conflits de compétence, soit en réprimant les atteintes qui pourraient lui avoir été portées. Ce collège, disait Sieyès, *n'est rien dans l'ordre exécutif, rien dans le gouvernement, rien dans l'ordre législatif. Il est, parce qu'il faut qu'il soit, parce qu'il faut une magistrature constitutionnelle,* non-seulement pour le maintien de la constitution, mais pour les améliorations successives que le progrès des lumières et les besoins de l'état pourraient solliciter.

Lorsque la Convention délibérait sur le projet de la constitution de l'an III, Sieyès avait proposé cette institution sous le titre de *jury constitutionnaire.* On peut voir ce travail, dont l'Assemblée ordonna l'impression ; on y trouvera d'assez grandes différences entre le jury constitutionnaire et le collège des conservateurs, différences qui, selon moi, sont à l'avantage du dernier. Néanmoins, la Convention fut frappée des grandes idées mises en avant par Sieyès; elle en adopta quelques-unes, mais en les modifiant. Sieyès, réfléchissant de plus en plus sur cette institution, était parvenu à l'améliorer, en lui donnant plus de consistance et de force. Ainsi, par exemple, en l'an III, il voulait que son jury constitutionnaire, qu'il composait de 108 membres, fût renouvelé chaque année par tiers, en même temps que le corps législatif, et que les membres nouveaux fussent toujours pris parmi les membres sortans de ce corps. Il est clair, que c'était exposer ce jury à toute la mobilité des opinions, et l'assujétir aux passions et aux chances des partis. Au lieu qu'en l'an VIII, le collège qu'il proposait, était composé de membres à vie, se recrutant eux-mêmes parmi les notables de la liste nationale, et investi d'attributions propres à en faire un centre de stabilité. C'est dans cet esprit qu'il lui avait attribué, comme nous l'avons déjà vu, tout ce qui concernait la confection des listes d'éligibilité et spécialement celle de la liste nationale, ainsi que le choix des membres du jury législatif et du tribunat.

Mais cette puissance électorale, au moyen de laquelle il était facile au collège des conservateurs de

pourvoir à la meilleure composition de l'ordre législatif, comment Sieyès la justifiait-il ? Dans le système électif, introduit par l'Assemblée constituante,
et suivi jusque alors, chaque assemblée primaire
nommait le nombre d'électeurs que lui assignait la
loi, et les électeurs de toutes les assemblées primaires de chaque département, réunis en une assemblée
électorale, choisissaient les députés que le département avait droit d'avoir. Dans le même système,
tout mandat soit de la part d'une assemblée primaire
aux électeurs, soit de la part d'une assemblée électorale aux députés, était prohibé ; de sorte, qu'il
était bien entendu que chaque électeur était libre
dans son choix, et chaque député dans son vote
législatif.

Que les électeurs et les députés ne fussent liés
par aucun cahier ou mandat, ce n'est pas assurément ce que Sieyès blâmait ; au contraire, personne
n'avait mieux prouvé que lui que de tels mandats
sont destructifs de l'unité nationale et de tout vrai
gouvernement représentatif. C'était, selon lui, du
fédéralisme pur ; il admettait donc pleinement
cet article de la constitution de 1791, portant : *les
représentans nommés dans les départemens ne se-
ront pas représentans d'un département particulier,
mais de la nation entière ; il ne pourra leur être
donné aucun mandat.*

Il trouvait néanmoins que ce système, encore

bien que le résultat qu'on en tirait fût salutaire, était vicieux dans son développement et sa marche, en ce qu'il reposait sur une fiction qu'il regardait comme chimérique et fausse. En effet, il est clair que, dans l'application du système tel qu'il était admis, chaque assemblée primaire et électorale agissait non-seulement pour elle-même, mais pour toutes les autres; et comme personne ne peut agir valablement pour autrui sans une procuration qui l'y autorise, il fallait donc supposer que chaque assemblée était fondée de procuration par toutes les autres, et qu'elles étaient toutes représentatives les unes des autres, supposition d'autant plus fausse que tel électeur ou tel député, nommé par une de ces assemblées, aurait pu être rejeté par toutes les autres, et l'aurait certainement été par plusieurs. Dans un état tel que la France, divisé en différens partis agités par des passions opposées, admettre un échange de confiance et de mission entre ces partis et les assemblées où ils dominent plus ou moins, n'est-ce pas méconnaître le cœur humain et la nature des choses?

C'est ce qui avait conduit Sieyès à penser que, pour le choix des fonctionnaires nationaux, dans l'ordre législatif, une seule assemblée électorale était bien préférable à cette foule d'assemblées section-naires, agissant les unes pour les autres sans mission réelle, et nommant des députés représentans de

3.

toute la France. Or, cette puissance électorale unique, il la croyait parfaitement placée dans le collège
des conservateurs. En effet, ce collège étant composé de ce qu'il y avait de plus pur dans la liste
nationale, laquelle était elle-même le produit de trois
épurations successives, on devait le considérer
comme un corps véritablement représentatif de toute
la France, et le plus capable d'en maintenir l'unité
et d'en exprimer les vœux qui ne pouvaient jamais
être que conformes à l'intérêt général.

Sa composition seule pouvait inspirer cette confiance; elle ne résultait pas moins des obligations
qui lui étaient imposées et des autres prérogatives
dont il était investi.

Nous avons déjà dit, que les membres de ce corps
étaient à vie; il faut ajouter qu'une fois qu'un citoyen y était admis, il ne pouvait plus ni conserver,
ni solliciter, ni obtenir aucune autre place, même
en donnant sa démission; c'est un engagement qu'il
contractait; c'est une incapacité dont il était frappé;
ou, si l'on veut, une espèce de consécration perpétuelle au bien public, dans la sphère de la vocation
et des attributions de ce corps.

Aussi Sieyès voulait-il que la place de conservateur fût assez belle, assez indépendante, pour dé-
dommager le titulaire de sa renonciation à tout
autre espoir, à toute autre ambition. A chacune de
ces places, il attachait un revenu territorial de cent

mille francs au moins, créé en *domaines nationaux*, dans le rayon de trente à quarante lieues de la capitale; ce qui portait à dix millions toutes les dépenses de l'établissement. Pourquoi cette riche dotation ? Ce n'était pas seulement pour accorder une grande récompense nationale à de grands services, ni pour indemniser largement les membres du collège de la privation de tout autre avancement, de tout autre moyen de fortune dans la carrière publique; mais c'est qu'ayant jeté un coup-d'œil réfléchi sur la société et les mœurs françaises, Sieyès était convaincu de l'importance de faire tourner au profit de la révolution, l'influence des richesses et des plaisirs, qui avait presque toujours été contre elle. Nous avons déjà vu, que c'était dans le même but qu'il dotait magnifiquement le grand-électeur. Il voulait de même que le collège des conservateurs, placé au sommet de la hiérarchie politique, eût un revenu assez considérable pour ouvrir des salons, y recevoir toute la bonne société, et donner ainsi à la capitale une direction qui serait bientôt imitée par les autres villes.

Ce corps, dans sa pensée, devait donc présenter une masse vraiment imposante par l'influence des mœurs, des vertus, des services, des noms et même de la propriété. J'ajoute que ses membres, déjà inamovibles, étaient de plus inviolables.

L'existence politique et morale du collège des

conservateurs ainsi réglée, on conçoit que nul autre
corps n'était plus apte que lui à nommer le grand-
électeur, et ne pouvait offrir plus de garanties de la
bonté d'un tel choix. Mais à cette nomination se
bornait son droit relativement à l'ordre exécutif,
puisque le grand-électeur, une fois nommé, c'était
à lui à choisir les chefs du gouvernement et à veiller
au maintien de l'unité, de l'activité et de l'ordre
dans cette partie de l'établissement public.

L'autorité du collège des conservateurs était très
grande sans doute, mais toutefois ne pouvait pas
être dangereuse; car si elle s'appliquait à tout, dans
tout aussi elle avait un frein et rencontrait une bar-
rière qu'elle ne pouvait franchir. Nous venons de le
voir pour l'ordre exécutif. Il en était de même de
l'ordre législatif, auquel le collège ne pouvait prendre part que par la nomination des fonctionnaires
chargés de son exercice. Il est vrai, que pour les
questions purement constitutionnelles, c'est lui qui
avait la décision, ainsi que la répression des atteintes portées à la constitution; mais en cela même, il
n'avait pas d'initiative et ne pouvait agir spontanément, il fallait qu'il fût provoqué et saisi officiellement par une dénonciation ou une plainte, soit de
la part du gouvernement, soit de la part du tribunat. L'un et l'autre avaient aussi leur tribune près du
collège, et ce n'est que sur le débat qui avait lieu entre
leurs orateurs, qu'il pouvait prononcer son jugement.

Cependant il ne suffit pas qu'une constitution soit
telle qu'elle puisse assurer la marche ordinaire des
choses; il n'y a pas d'état qui ne soit sujet, comme
les individus qui le composent, à des crises, à des
maladies qui l'exposent à périr. Pour ces situations
extraordinaires, il faut donc un remède extraordinaire, et c'est dans le choix de ce remède que bril-
lent surtout la prévoyance et la sagesse d'un législa-
lateur constituant.

Sieyès avait prévu ce besoin, et voici comment il
y avait pourvu : il était persuadé que la constitution qu'il proposait aurait assez de force en elle-
même, et dans l'action des diverses autorités qu'elle
établissait, pour prévenir la naissance ou assurer la
répression et la punition des complots que pourraient ourdir de mauvais citoyens. Mais il redoutait
l'ascendant que peut exercer sur la multitude un
citoyen éminent par ses talens et ses services. L'his-
toire lui avait appris que de tels citoyens, devenus
l'objet d'un engoûment général et aveugle, peuvent
en abuser au profit de leur ambition, surtout quand
ils occupent un rang élevé dans l'état, ou qu'ils sont
chargés d'un commandement militaire important.
Or, si ce danger venait de la part d'un général vic-
torieux, par exemple, le ministre qui l'avait nommé
pouvait le déplacer; si c'était de la part d'un ministre, le consul dans la dépendance duquel il se
trouvait, pouvait le destituer; si c'était de la part

d'un des consuls ou même des deux consuls, le grand-électeur, ayant le droit de les révoquer, pouvait faire cesser le danger. Mais il pouvait arriver aussi que ce danger provînt du grand-électeur lui-même, et alors Sieyès voulait que le collège des conservateurs eût le droit de l'appeler à lui et de l'*absorber ;* car c'est ainsi que, dans le temps, on appela ce droit. Le collège pouvait en user dans tous les cas où l'exercice lui en paraîtrait nécessaire pour le maintien de la constitution, non-seulement à l'égard du grand-électeur, mais encore envers tout homme qui, par ses talens, ses services, sa popularité et son ambition, serait inquiétant pour la tranquillité publique et le maintien de l'ordre établi. C'était le plus grand pouvoir dont ce corps fût investi. Quiconque, appelé par lui, aurait refusé de lui obéir et n'aurait pas, à l'instant même de sa nomination, cessé toute autre fonction publique, de quelque nature qu'elle fût, se rendait criminel de haute trahison, ainsi que tous ceux qui auraient continué à reconnaître son ancienne autorité, et soutenu sa résistance. Le collège, à l'appui de sa détermination, pouvait mettre en mouvement toute la force publique, et c'est pour cela que la constitution plaçait sous sa main la garde nationale.

Dans l'opinion de Sieyès, cette espèce d'*ostracisme* dont le collège des conservateurs pouvait frapper tout citoyen qui lui paraissait dangereux

par son génie, sa popularité et même ses vertus,
réunissait tout ce qu'il y avait d'utile et d'honorable
dans l'ostracisme des anciennes républiques, sans
en avoir les inconvéniens et l'injustice.

Enfin Sieyès, résumant ses idées, disait : « La
garantie de l'ordre social est dans l'établissement
public; la garantie de la liberté civile est dans la
véritable division des pouvoirs; la garantie de ces
pouvoirs les uns à l'égard des autres est dans le collège des conservateurs, magistrature suprême et
nécessaire pour le maintien de la constitution.

Il était persuadé que toutes ces conditions se
trouvaient réalisées par son projet. On peut re-
marquer pourtant que ce projet, tel qu'il me le dicta
et qu'il fut soumis à la discussion, demandait, pour
être mis à exécution, un assez grand nombre de lois
organiques; ces lois auraient été élaborées ultérieu-
rement. On peut être surpris aussi qu'il ne renfer-
mât rien de relatif à l'ordre judiciaire; mais c'est
que, sur ce point important, Sieyès s'en référait au
travail qu'il avait proposé à l'Assemblée constituante,
sous le titre d'aperçu d'une nouvelle organisation
de la justice et de la police en France. Il ne m'avait
rien dicté non plus sur les droits de l'homme et du
citoyen, parce que ses idées là-dessus étaient assez
connues par les deux déclarations qu'il avait faites
en 1789, comme membre de cette assemblée; de
sorte qu'il ne fallait que réunir tout ce qu'il avait

publié, en différens temps, pour avoir un système complet de constitution.

Une réflexion qu'on ne manquera non plus de faire, c'est que, dans tout ce qui précède, il n'est rien dit sur la manière dont devait avoir lieu la première formation du collège des conservateurs. Il est clair qu'il fallait un premier choix extraordinaire, et qui fût fait ou par un seul homme, considéré comme législateur constituant, ou par plusieurs électeurs ayant mission spéciale à cet effet.

Or un tel état de choses n'avait certainement pas échappé à Sieyès, et nul doute qu'il ne tînt en réserve un moyen d'y pourvoir. Mais le succès de ce moyen, quel qu'il fût, dépendait beaucoup du succès plus ou moins complet de son projet de constitution.

Et, comme nous allons le voir, les choses ne tournèrent pas pour lui d'une manière aussi satisfaisante qu'il l'avait espéré.

CHAPITRE . . .

———

CONSTITUTION DE L'AN VIII.

——•••—

Après le 18 brumaire, des commissaires, pris dans le sein du corps législatif, furent envoyés dans les départemens par le gouvernement provisoire. Leur mission était d'expliquer et de justifier cet évènement ; elle ne fut pas difficile à remplir. Les esprits étaient bien disposés ; partout on applaudissait au 18 brumaire ; le mouvement était général, mouvement de confiance et de joie, et pour le présent et pour l'avenir. C'est un fait que personne ne peut révoquer en doute.

Le principal objet de cette journée n'était pas seulement de déplacer quelques hommes et de les remplacer par d'autres, regardés comme plus capables, mais d'apporter à la constitution de l'an III les changemens dont l'expérience avait fait sentir à tous les bons esprits la nécessité, et surtout de donner à la France un gouvernement qui eût plus d'unité, de force et de consistance. C'est ainsi que l'on comprenait le 18 brumaire, c'est ce qu'on en espérait généralement.

La loi du 19 brumaire avait spécialement chargé de ce soin les deux commissions intermédiaires, en leur recommandant néanmoins de recevoir les observations qui pourraient leur être adressées, à cet égard, par les consuls provisoires.

Pour mieux remplir la tâche qui leur était confiée, ces commissions s'organisèrent en sections. Chacune d'elles en nomma une pour s'occuper particulièrement du travail relatif à la nouvelle constitution. Je fus membre de celle des Cinq-Cents. Il fut convenu aussi que Lemercier et Lucien Bonaparte achèveraient leur présidence pour le mois de brumaire, et qu'ensuite, chaque commission se choisirait un président le 1er et le 15 de chaque mois. Le 1er frimaire, je fus élu président de celle des Cinq-Cents.

Comme on savait que Sieyès s'occupait d'un projet de constitution, les deux sections crurent devoir attendre que ce projet leur fût communiqué. J'ai dit comment j'avais obtenu de lui qu'il me le dictât : ce travail ne fut terminé qu'à la fin de brumaire. J'ai dit aussi que je lui avais promis de mettre son plan sous les yeux des deux sections, en me réservant toutefois, si je le jugeais à propos, de le discuter, et même au besoin de le combattre au moins dans quelques-unes de ses parties. Cependant à mesure qu'il rassemblait et me dictait ses idées, il en faisait part aussi à ses amis; de sorte que les principales parties de son système ne tardèrent pas à être connues de plusieurs personnes.

Sans qu'il y eût eu à cet égard aucune délibération, c'était une chose bien entendue entre nous, que Bonaparte devait occuper le premier rang dans le nouveau gouvernement qu'il s'agissait d'établir. Ainsi le voulait la force des choses et des circonstances; cela était dans l'attente générale , et en quelque sorte commandé par l'opinion publique, qui attachait son principal espoir à ce que la direction des affaires fût confiée aux mains de ce général.

Il n'y a pas de doute aussi que lui-même ne l'entendît ainsi et ne se crût appelé à devenir le chef du nouveau gouvernement. Cependant il ne parut pas d'abord s'occuper de cet objet; soit que, comme tout le monde, il s'en reposât sur Sieyès; soit qu'il voulût attendre, pour s'expliquer, que le système fût complet. Mais Sieyès apprit bientôt que le général élevait des doutes et faisait des objections sur certaines parties de son plan. Il en fut alarmé, car (et cela se conçoit bien) il avait fort à cœur que ce plan ne fût pas mutilé. C'était le fruit des méditations politiques de toute sa vie : c'était une machine qu'il avait construite avec un soin extrême, et qu'il prétendait avoir munie de tous les rouages nécessaires à sa pleine et régulière activité; rouages tellement assortis, tellement faits les uns pour les autres et pour le tout, que toucher à un seul, le supprimer, le déplacer, le modifier, c'était vouloir, selon lui, arrêter la machine ou bien y introduire la confusion et le désordre.

Pour se prémunir contre un tel désagrément, il chercha à se concilier les suffrages des hommes qu'il croyait être les plus influens parmi ceux qui devaient concourir à l'acte constitutionnel. Il invita, il réunit chez lui quelques membres des deux sections de constitution. Il y adjoignit Rœderer et Talleyrand, qui voyaient assidûment le général et paraissaient jouir de sa confiance. Il avait eu aussi l'idée d'appeler Volney; mais il y renonça. Il y eut chez lui trois conférences : le projet y fut goûté et approuvé en son entier; Sieyès l'avait fort bien expliqué.

Encouragé par ce premier succès, il voulait ensuite convoquer aussi chez lui tous les membres des deux sections. Je l'engageai à retarder encore cette réunion. « Il importe, lui dis-je, et pour vous et pour le succès de la chose, que Bonaparte et vous soyez d'accord au moins sur les principaux points; sans quoi, si la division se met entre vous, il est fort à craindre qu'elle ne s'introduise aussi et dans les sections et dans les commissions, et même dans le public; et, dans ce cas, le retard qu'elle entraînera sera le moindre des inconvéniens auxquels elle donnera lieu. Si le général fait des objections, ce n'est peut-être que parce qu'il ne connaît pas bien l'ensemble du système. Je pense donc qu'il serait bon que vous eussiez avec lui une conférence dans laquelle vous le lui expliqueriez, comme vous avez déjà fait avec quelques autres, ce qui vous a parfaitement réussi. »

Sieyès y consentit, et Talleyrand se chargea de ménager entre eux cette entrevue. Elle eut lieu le lendemain, et dura six heures. Talleyrand, qui y assista, nous en rendit compte dans la soirée, à Rœderer et à moi. Il nous assura que la discussion avait été fort vive; que les deux interlocuteurs s'étaient dit des choses piquantes et s'étaient séparés sans rien conclure, et fort mécontens l'un de l'autre : « Jamais, ajouta-t-il je n'ai tant souffert, et je dois convenir que, dans cette dispute, Bonaparte m'a paru avoir l'avantage, ayant fait à son adversaire des objections auxquelles celui-ci n'a que faiblement répondu.

C'était sur certaines attributions du collège des conservateurs, et principalement sur la structure du gouvernement, sur le grand-électeur, que la dispute avait eu lieu. Bonaparte qui, comme nous l'avons dit, ne doutait pas que le vœu public ne le portât à la tête du gouvernement, avait examiné cette place de grand-électeur avec l'attention et l'intérêt d'un homme qui envisage une chose qu'il sait devoir lui être destinée. Il l'avait considérée en elle-même et dans ses rapports avec les autres parties du système. Elle ne lui plaisait nullement. Il n'y voyait qu'un pur fantôme, bien décoré, il est vrai, mais sans force et sans mouvement. Il se présentait toujours comme nécessaire aux armées; et, comme frappé par le plan, de l'interdiction de servir la chose publique, interdiction qui ne pouvait lui convenir. Il attaqua aussi les deux consuls gouvernans, comme une combinaison mal conçue et impraticable. L'idée d'être appelé et ostracisé dans le collège des conservateurs, lui était insupportable. Il crut ou il affecta de croire, que toute cette théorie n'avait été imaginée que pour le rendre ridicule et le perdre au bout de quelques mois.

Nous étions très affligés, Rœderer et moi, d'une telle contrariété de sentimens. Nous cherchions s'il n'y aurait pas quelque moyen de conciliation. Rœderer rédigea un projet, dans lequel le gouvernement était confié à trois consuls, dont l'un serait premier consul, et les deux autres simplement adjoints. Ces deux derniers ne pouvaient rien faire sans le premier, et le premier sans un des deux adjoints. Ce projet ne me plaisant pas, j'en présentai un autre, qui me paraissait s'éloigner moins de celui de Sieyès. Au grand-électeur, tel qu'il l'avait conçu, je substituais, sous le titre de président, ou tel autre titre que l'on préférerait, un chef suprême, assistant aux délibérations des deux consuls gouvernans, et statuant sur les conflits qui pourraient s'élever entre eux.

Le lendemain, nous allâmes chez Bonaparte, où nous conférâmes seuls avec lui pendant assez longtemps. Il parut approuver mon projet plus que celui de Rœderer, sans néanmoins nous dissimuler que ni l'un ni l'autre ne lui convenait. Voulant voir ce que Sieyès en penserait, nous nous rendîmes chez lui. Il dit nettement à Rœderer, que son projet n'avait pas de bon sens, et prétendit que la royauté était dans le mien. C'est le mot dont il s'était déjà servi la veille, pour qualifier toute idée d'un chef prenant part à l'action, lorsque cette idée lui avait été présentée par Bonaparte comme nécessaire, et ce mot avait fortement indisposé ce dernier.

Ainsi, loin de se rapprocher, les esprits s'aigrissaient davantage. Sieyès était de fort mauvaise humeur, disant tantôt qu'il voulait retirer tout son projet, tantôt qu'il allait le faire imprimer et en appeler à l'opinion publique; menaçant quelquefois de tout abandonner, de s'en aller à la campagne et même de quitter la France.

De son côté, Bonaparte n'était pas moins mécontent et tenait des propos encore plus alarmans, déclarant qu'il était résolu d'attaquer tout le plan de Sieyès, comme aristocratique et attentatoire à la

4

liberté et à la souveraineté du peuple. Il blâmait même ce qu'il avait d'abord approuvé, et annonçait une guerre ouverte. Rœderer m'assura que, dans une conversation particulière qu'il avait eue avec lui, Bonaparte lui avait dit : « Si Sieyès s'en va à la campagne, rédigez-moi vite un plan de constitution; je convoquerai les assemblées primaires dans huit jours, et je le leur ferai approuver, après avoir renvoyé les commissions. »

J'arrivai précisément sur cet entretien. Bonaparte avait, en effet, un ton décidé, que je ne lui avais pas encore trouvé. Il se plaignait amèrement de Sieyès, lui reprochant ce qu'il appelait sa défiance et ses prétentions absolues. « Il croit, disait-il, posséder seul la vérité. Quand on lui fait une objection, il vous répond comme un prétendu inspiré et tout est dit. Ce n'est pas ainsi qu'on doit traiter avec les hommes. Il ajoute foi à tous les rapports qu'on lui débite, et s'entoure de petits esprits qui font métier de nourrir sans cesse ses soupçons. »

Nous cherchions à le calmer ; « Sieyès, lui disions-nous, peut avoir ses défauts, mais il faut le prendre tel qu'il est. Pourquoi ne pas profiter de ce qu'il y a de bon dans son plan, et que vous avez vous-même approuvé? Son grand-électeur vous déplaît ; vous faites contre cette forme de gouvernement des objections assurément très fortes ; nous ne doutons pas qu'elles ne frappent les commissions, et

que celles-ci ne soient de votre avis. Mais à quoi
bon se diviser? Nos ennemis communs en profite-
ront, et la chose publique se trouvera dans une
situation peut-être plus fâcheuse qu'avant le 18
brumaire. »

J'exprimai toute mon inquiétude et toute ma
douleur sur cette division, et j'allai jusqu'à dire à
Bonaparte qu'il n'était pas moins dans son intérêt
que dans le nôtre que nous restassions tous unis;
que, s'il voulait marcher seul, il se trouverait bientôt
forcé, malgré lui sans doute, de jouer le rôle de
Cromwell ou celui de Monk; que le premier ne lui
réussirait pas long-temps, et que le second, outre
qu'il avait aussi ses périls, était bien déshonorant.
Je lui disais : « Sieyès et vous, vous êtes comme le
pouvoir législatif et le pouvoir exécutif, qui ne vi-
vent que bien difficilement ensemble. Il faut donc
vous séparer le plus tôt possible, mais après avoir
fait une constitution. Si Sieyès a ses défauts, il faut
avouer aussi que n'ayant été que militaire jusqu'à
présent, vous ne devez guère avoir dans la tête que
des idées de commandement absolu et d'obéissance
passive; ce qui est fort déplacé dans l'ordre civil,
où il faut beaucoup discuter, supporter beaucoup
de contradictions, et savoir modifier et souvent
même sacrifier ses opinions pour arriver à un bon
résultat. »

Sur la fin de cette conversation, Bonaparte s'adoucit, et nous donna des paroles de conciliation, nous disant de voir Sieyès et de le déterminer à en finir.

Le même jour, nous eûmes, Rœderer et moi, une dispute très vive avec Lucien Bonaparte. Il avait la tête fort montée; il blâmait tout le système de Sieyès, et les listes d'éligibilité, et le collège des conservateurs, et le corps législatif, et le tribunat, et toute la forme du gouvernement. « Vous voulez, disait-il, des conservateurs à vie, et qui mettrez-vous dans ce corps? des hommes qui auront été membres des assemblées nationales? Mais tous ces hommes déplaisent à la nation. On dira que vous voulez ressusciter les ducs et pairs, et qu'il vaudrait beaucoup mieux les avoir conservés, ainsi que le roi au lieu d'un grand-électeur. »

Tantôt il préférait la constitution américaine; tantôt il parlait des Jacobins comme du parti le plus redoutable de la nation, et de celui aux vues duquel il valait mieux se plier. « Quoi! lui disais-je, vous voulez nous donner la démagogie et la constitution de 93? Mais vous en seriez les premières victimes. Tout cela nous ramenerait bientôt l'ancien régime; et qu'auriez-vous à espérer avec le prétendant et les nobles? Obtiendriez-vous le rang et la considération dont vous pouvez jouir dans un état libre et bien constitué? votre famille peut être la première de la République, et, en cas de contre-révolution, que seriez vous? Tout au plus un petit noble, relégué dans l'île de Corse, sans compter la honte dont vous vous couvririez pour toujours. Je vous le déclare, Lucien, nous n'avons pas fait une révolution pour une famille, mais bien pour le pays et pour la liberté. Au reste, je suis convaincu que votre langage n'est pas conforme aux intentions de votre frère; j'en ai une toute autre idée, et toutes les fois que j'ai causé avec lui, je suis demeuré persuadé qu'il n'avait d'autre ambition que de servir la cause nationale, et que c'est là qu'il place sa gloire et son intérêt. Mais voyons, de quoi s'agit-il? Vous paraissez croire que tout le système que vous combattez n'a été imaginé que pour neutraliser votre frère et le perdre au bout de quelques mois, en le jetant dans le collège des conservateurs. Nous croyons pouvoir vous assurer que ce n'est là le but de personne; qu'au contraire, tout le monde a le desir et sent la nécessité de le placer à la tête du gouvernement avec une autorité suffisante pour qu'il puisse employer, sans obstacle, ses grands talens au triomphe et à l'affermissement de la chose publique, et nous ne doutons pas qu'on ne lui donne, à cet égard, toutes les garanties qu'il peut desirer. »

Lucien parut croire à cette assurance; il se calma et nous nous quittâmes sans aucune apparence de mécontentement. Le soir du même jour, j'allai chez Sieyès; je le trouvai sombre et son accueil fut très froid. Il était persuadé, comme je l'appris le lende-

main, que je l'abandonnais pour me tourner entièrement du côté de Bonaparte. Il se trompait assurément. Dans tout ceci, j'agissais avec une grande
impartialité, et dans le seul desir de rapprocher et
de concilier ces deux hommes que je regardais avec
raison comme les chefs de la révolution qui s'ac-
complissait. Je fus un peu piqué de la manière dont
Sieyès me recevait, et prenant aussitôt mon parti,
je lui dis d'un ton assez bref qu'il devait être
convaincu que je ne m'étais entremis dans ceci
qu'avec la seule intention d'arriver plus promptement à un bon résultat, en travaillant à un rappro-
chement sur les points principaux ; que, pour ma
part, j'étais résolu d'accepter toutes les combinai-
sons qui ne seraient pas contraires aux principes de
la liberté; que l'intérêt public l'exigeait, et que tout
bon citoyen devait s'en faire un devoir ; qu'après
tout, ce n'étaient pas les consuls, mais les commissions, que la loi du 19 brumaire chargeait de préparer une constitution; que, dans ce but, elles
avaient nommé chacune une section pour s'occuper
de cet objet et présenter une rédaction ; qu'il s'était
déjà passé près d'un mois sans qu'il y eût rien de
fait; que quelques membres seulement en avaient
conféré avec les consuls; que les autres étaient mécontens et pouvaient regarder comme une intrigue
ce qui se passait; que les commissions et le public
commençaient à murmurer ; et qu'enfin, si rien ne

se faisait, ce serait à nous qu'on aurait droit de s'en
prendre; que j'étais donc d'avis que, sans plus dif-
férer, les sections se réuuissent pour s'occuper sans
relâche de la mission qui leur avait été confiée, et
soumettre leur travail aux commissions le plus tôt
possible ; que comme membre d'une de ces sections,
et comme président de la commission des Cinq-
Cents, j'allais immédiatement agir dans ce sens.
Sieyès lui-même approuva cette détermination, et
dès le lendemain, les deux sections furent réunies
et convinrent d'un plan de travail dont le système
de Sieyès devint la base. Ce fut Daunou qui fut
principalement chargé de la rédaction. On ne pouvait pas mieux choisir.

Bonaparte, instruit de cette résolution, sentit
qu'il fallait dès-lors, ou marcher avec nous ou s'en
séparer totalement. Il prit le premier parti. Rœderer, qui le vit dans la matinée, lui parla beaucoup
de Sieyès, de ses talens, des services qu'il avait
rendus à la cause de la liberté et de la considération dont il jouissait. « Sieyès, lui disait-il, doit
intéresser ici toutes les âmes généreuses, car il est
le faible aux prises avec le fort, avec l'homme ar-
mé. » De son côté, Bonaparte s'expliqua sur Sieyès
en termes favorables : « Voyez-le, dit-il à Rœderer,
et assurez-le que je ne demande pas mieux que de
m'entendre avec lui. »

Le soir, je retournai chez Sieyès, que je trouvai

tout autre. Il avait un air gai et content. Il me
reçut avec un ton aussi amical que celui de la veille
avait été froid, changement qui venait de ce que
Rœderer lui ayant raconté la manière dont je m'étais
expliqué avec Bonaparte et Lucien, il en avait con-
clu qu'il s'en fallait bien que j'eusse voulu l'abandonner et prendre parti contre lui. Nous convînmes
de la nécessité d'aller vite et de rester toujours fi-
dèles à la cause de la liberté.

En le quittant, j'allai chez Bonaparte, dont je
m'attendais à être mal reçu, me doutant que Lucien
lui aurait rapporté les paroles assez vives que je lui
avais dites. Mais, au contraire, il m'accueillit très
bien. « Hier, me dit-il en riant, vous avez eu une
dispute avec Lucien; et moi aussi, je me suis querellé
ce matin avec lui, au sujet des Gracques. » Je trouvai
Bonaparte dans les meilleures dispositions. Je lui
parlai de la réunion des deux sections, et de la résolution qu'elles avaient prise de travailler à la rédaction de la nouvelle constitution. « J'ai toujours
un regret, lui dis-je, c'est que vous ne soyez pas
d'accord avec Sieyès sur la forme du gouvernement,
et que toutes les tentatives qui ont été faites à cet égard,
aient échoué. —Hé bien! me répondit-il, il faut
tâcher de s'entendre, et d'en finir là-dessus. Je vous
propose de vous réunir ici, demain à neuf heures
avec Sieyès, Rœderer et Talleyrand. »

La conférence eut lieu et dura environ deux

heures. Le souvenir qui m'en est constamment resté ne s'effacera jamais de ma mémoire. Cette conférence fut très calme; car chacun n'y avait apporté que des intentions pacifiques. C'était une simple conversation politique; mais conversation la plus profonde et la plus instructive que j'aie jamais entendue dans ce genre. Il y avait là quatre interlocuteurs, bien faits assurément pour répandre de l'intérêt et des lumières sur un tel sujet. Rœderer et Talleyrand, membres distingués de l'Assemblée constituante, avaient suivi le cours de la révolution avec un esprit attentif et réfléchi. Bonaparte, déjà célèbre dans le monde entier par son génie militaire, n'était pas moins intéressant à entendre sous le rapport politique et civil. Esprit éminemment positif, doué d'une sagacité prodigieuse, et déjà riche de résumés pratiques, il jetait de ces idées qui éclairent tout-à-coup un vaste horizon. Quant à Sieyès, dont la tête n'était remplie que d'analyses savantes, on pense bien qu'il n'était pas parmi les interlocuteurs, le moins digne d'être écouté. Je dois dire ici que, dans cette conférence, il se conduisit avec une modération et une convenance parfaites. Il n'était pas venu avec l'intention de soutenir son projet de constitution. Il n'en parla pas, il n'en fut pas question. Il était, en quelque sorte, tacitement convenu qu'on laisserait agir les sections, sauf à discuter leur travail dans une réunion des commissions et des consuls. De

sorte que la conversation se tint renfermée dans des
aperçus généraux, sur les principes de la liberté,
sur notre situation politique, et sur l'importance de
s'organiser promptement et définitivement. On se
sépara dans les plus heureuses dispositions.

Les deux sections eurent bientôt terminé leur
travail, et dès-lors il fut arrêté que, tous les jours,
on se réunirait le soir dans le salon de Bonaparte
pour l'examen et la discussion de leur projet. Cette
réunion se composa constamment des deux commissions et des trois consuls provisoires. On y consa-
crait une grande partie de la nuit.

J'ai déjà dit que le système de Sieyès avait été la
base du travail des sections; et par conséquent il le
fut aussi de celui de la réunion générale. Je n'en-
trerai point ici dans tous les détails de cette discussion, quoique je les aie consignés dans des notes
que je possède encore. J'arrêterai seulement l'attention sur quatre points principaux: les listes d'éligibilité, l'organisation du pouvoir législatif, le collège
des conservateurs, la forme du gouvernement.

Les listes d'éligibilité, quoiqu'elles fussent une
très grande innovation dans le régime électif suivi
jusqu'alors, furent admises ainsi que les arrondissemens communaux, mais avec les modifications suivantes : 1° qu'elles ne seraient révisées que chaque
trois ans; 2° que l'inscription sur ces listes ne serait nécessaire qu'à l'égard de celles des fonctions

publiques pour l'exercice desquelles cette condition
serait expressément exigée par la constitution ou
par la loi; 3° qu'il ne serait procédé, pour la première fois, à la confection de ces listes que dans le
cours de l'an ix; 4° enfin, que tous les citoyens
nommés pour la première formation des autorités
constituées, feraient partie nécessaire des premières
listes. Sieyès lui-même consentit à ces amendemens.
Il n'y eut, quant à cette partie du système, de débat que sur un point dont j'ai déjà parlé. Il fut proposé d'assujétir la formation des listes à un tarif
des fortunes; Sieyès s'y opposa vivement, et obtint,
comme je l'ai dit, une grande majorité.

L'organisation du pouvoir législatif qu'il avait
proposé fut aussi adoptée avec quelques changemens. Le corps ou jury législatif fut réduit à trois
cents membres, âgés de trente ans au moins; il fut
dit qu'il serait renouvelé chaque année par cinquième, que les députés sortans n'y pourraient ren-
trer qu'après un an d'intervalle, mais qu'ils pourraient être immédiatement élus à toute autre fon-
tion publique, même à celle de tribun; que la ses-
sion législative commencerait annuellement au 1er
frimaire, et ne durerait que quatre mois, sauf au
gouvernement à convoquer ce corps extraordinairement, quand il le croirait nécessaire.

Le tribunat fut composé de cent membres, âgés
de vingt-cinq ans au moins. Son renouvellement

annuel était aussi d'un cinquième, mais les membres
sortans étaient toujours rééligibles. Sieyès lui avait
accordé le droit de proposer au corps législatif les
lois qu'il croirait nécessaires aux besoins du peuple ;
mais après un débat assez long, ce droit de proposition lui fut retiré et réservé au gouvernement
seul. On pensa que le conférer au tribunat, c'était
lui donner une arme trop puissante contre le gouvernement, et un trop grand moyen d'agiter l'opinion. Mais il en fut indemnisé par d'autres attributions fort importantes. On décida que le gouvernement serait tenu de lui communiquer d'abord tous
ses projets de lois; qu'après les avoir discutés, le tribunat pourrait en voter l'adoption ou le rejet, et
soutenir son vote devant le corps législatif; qu'il
pourrait exprimer son vœu sur les lois faites et à
faire, sur les abus à corriger, sur les améliorations
à entreprendre dans toutes les parties de l'administration publique, sous cette réserve néanmoins que
la manifestation de ces vœux n'aurait aucune suite
nécessaire, et n'obligerait aucune autorité à une délibération; qu'il pourrait déférer au sénat, mais
pour cause d'inconstitutionnalité seulement, les listes
d'éligibilité, les actes du corps législatif et ceux du
gouvernement; qu'enfin, quand il s'ajournerait, il
pourrait nommer une commission de dix à quinze
de ses membres, chargée de le convoquer, si elle le
jugeait convenable; ce qui supposait qu'il avait le

droit de rester en permanence tant qu'il le voulait.

Au titre de collège des conservateurs, on préféra généralement celui de *sénat conservateur*.

On se rappelle comment Sieyès organisait ce corps et les hautes attributions dont il le dotait. Bonaparte voyait cette institution d'un œil inquiet, et fit tous ses efforts pour l'affaiblir. Il demanda d'abord que l'âge de 45 ans fût exigé pour y être éligible; et comme cela paraissait incompatible avec la faculté donnée à ce corps, d'appeler à lui tout citoyen dont l'ascendant lui paraîtrait dangereux à l'ordre public, il soutint que cette faculté ne devait pas lui être accordée, parce que, avec elle, et y ayant habituellement quinze à vingt places vacantes dans son sein, il pourrait, quand il le voudrait, désorganiser le gouvernement, en lui enlevant tout-à-coup les hommes les plus essentiels, et se trouverait ainsi maître de l'état. Il appuyait fortement là-dessus, ainsi que Lucien, qui présentait ce corps comme devant être un *nid de conspirations.* La discussion devint d'autant plus vive, que l'intérêt personnel y entrait pour beaucoup. Il y avait, en effet, plusieurs membres des commissions qui, s'étant prononcés hautement pour le 18 brumaire, croyaient devoir, à juste titre, faire partie de la première composition du sénat. Et comme cette condition de 45 ans les en excluait, et ajournait au moins pour long-temps l'accomplissement de leurs desirs, ils s'opposaient avec chaleur à ce qu'elle fût adoptée.

Je pris une assez grande part à cette discussion. Le chiffre de 45 ans me paraissant trop élevé, je proposai celui de 40, et comme je n'en avais que 37, qu'ainsi je me fermais à moi-même l'entrée au sénat, mon opinion n'en acquit que plus de poids. Je la motivai sur une considération qui n'avait point encore été alléguée : c'était la crainte que l'hérédité ne s'introduisît dans le sénat par l'accord des pères de famille, qui, selon toute apparence, en composeraient toujours la grande majorité, et qui, maîtres de nommer à toutes les places vacantes dans leur sein, ne manqueraient pas de choisir tour-à-tour leurs fils, si ceux-ci étaient éligibles, quel que fût leur âge ; d'où il arriverait que l'autorité sénatoriale se trouverait insensiblement devenir le privilège, et en quelque sorte le patrimoine d'un certain nombre de familles, et dégénérerait ainsi en *oligarchie*, la pire des institutions. Cette observation fut généralement sentie, et comme personne ne voulait d'hérédité pour aucune fonction publique, non-seulement on accueillit comme condition l'âge de 40 ans, mais on décida, et ce fut Sieyès lui-même qui en fit la demande, que la nomination pour chaque place vacante, ne pourrait se faire par le sénat qu'entre trois candidats présentés, le premier par le corps législatif, le second par le tribunat, et le troisième par le chef du gouvernement ; de telle sorte, que si le même citoyen était présenté par deux de ces autorités, le choix serait borné entre deux candidats, et que le sénat serait tenu d'admettre celui qui serait présenté par les trois autorités; amendement important et qui rendait à-peu-près illusoire le droit qu'avait le sénat de se compléter lui-même.

Il y avait une autre question non moins importante et encore plus chatouilleuse : c'était de savoir si l'on conserverait au sénat le droit, que lui accordait Sieyès, d'appeler à lui extraordinairement et d'ostraciser dans son sein tout citoyen, dont l'ambition et la trop grande supériorité lui paraîtraient inquiétantes pour le maintien de l'ordre public. J'ai déjà dit que Bonaparte s'était fortement prononcé contre cette attribution, et s'en était expliqué avec d'autant plus d'aigreur, qu'il était persuadé qu'on ne l'avait imaginée que pour lui en faire bientôt à lui-même l'application.

Je crois bien qu'il se trompait, et pourtant il faut avouer que les apparences étaient assez fortes pour lui inspirer cette défiance, et justifier en quelque sorte son mécontentement. Toutefois, comme il n'était pas convenable que les commissions parussent ne se décider que par des considérations purement personnelles, je crus devoir prendre la parole pour apprécier en elle-même cette attribution, sur laquelle j'avais beaucoup réfléchi, et voici, en abrégé, comment je m'expliquai :

« Je suis persuadé que la mesure qui nous occupe
n'a été conçue et proposée que dans des vues de
conservation et d'ordre public. Voyons cependant
si elle est analogue à la nature du gouvernement
que nous voulons établir, et si elle est nécessaire,
ou du moins assez efficace pour conduire au but que
l'on veut atteindre.

« D'abord, je suis peu touché de l'argument d'a-
nalogie que l'on fonde sur l'ostracisme qui avait
lieu dans quelques républiques anciennes et particulièrement dans celle d'Athènes, comme mesure
de salut public. Je sais que Montesquieu a beaucoup
vanté cette pratique, prétendant que, loin de flétrir
le gouvernement populaire, elle était très propre à
en prouver la douceur, et que c'était une loi admirable que celle qui prévenait les mauvais effets que
pouvait produire la gloire d'un citoyen, en le com-
blant d'une nouvelle gloire. Il convient ensuite que
si cet ostracisme fut une chose admirable et salutaire,
c'est que le législateur avait senti l'extension et les
bornes qu'il devait donner à sa loi; qu'en effet cette
mesure n'avait lieu que tous les cinq ans, qu'on n'y
soumettait jamais qu'un seul citoyen, et qu'il fallait
un si grand nombre de suffrages pour le frapper
d'exil, qu'il était difficile de penser que son éloi-
gnement ne fût pas un sacrifice nécessaire à la
tranquillité publique.

Or, dans ce droit d'appel extraordinaire que l'on

veut donner au sénat, je ne vois qu'une ressemblance avec l'ostracisme d'Athènes : c'est qu'il serait, comme cet ostracisme, honorable pour les citoyens qui en seraient l'objet. Mais pourquoi faire de cet appel une mesure perpétuelle entre les mains du sénat, une mesure qu'il pourrait appliquer à plusieurs citoyens à-la-fois et renouveler aussi souvent qu'il le voudrait?

« Il y a plus : l'ostracisme était une loi extraordinaire et qui sortait du principe du droit commun; et comme Athènes était une démocratie, où le peuple, réuni dans une seule assemblée, exerçait lui-même la souveraineté, il s'était réservé à lui seul l'application de cette mesure. Il y avait pourtant, dans cette république, un établissement fort ancien et fort respecté, auquel on pourrait, sous plus d'un rapport, assimiler le sénat conservateur; je veux parler de l'aréopage, dont la principale destination était, comme celle de notre sénat, de veiller au maintien de la constitution, des lois et des mœurs. L'aréopage était aussi composé de membres à vie, tous sortis de l'archontat, principale magistrature de cette république. Il semblerait donc que l'application de l'ostracisme eût été mieux faite par ce corps que par le peuple. Mais l'ostracisme étant un acte de haute police, un acte de souveraineté, le peuple seul avait droit de l'exercer, non-seulement parce qu'il était seul souverain, mais encore parce

5

qu'il savait mieux que personne quel était le citoyen
qu'il redoutait le plus, et qu'il voulait éloigner du
territoire de l'état et de celui de ses alliés. Ce procédé était donc parfaitement conforme à la nature
de ce gouvernement.

« Mais nous, ce n'est pas une république démocratique que nous voulons établir ; c'est une république représentative. Nous admettons bien, il est
vrai, le dogme fondamental de la souveraineté du
peuple ; mais en reconnaissant, ce qui est évident,
que le peuple français ne peut exercer cette souveraineté qu'en déléguant l'exercice des pouvoirs dont
elle se compose. Nous reconnaissons encore que ces
pouvoirs doivent être divisés et confiés à des mains
différentes ; qu'ils doivent se renfermer dans les limites qui leur sont assignées, mais agir librement dans
la sphère de ces limites ; et c'est dans cette organisation que nous croyons qu'existe la meilleure garantie
de cette liberté d'action. Voilà ce que nous cher-
chons à établir, mais d'une manière plus précise et
plus stable qu'on ne l'avait fait jusqu'à présent.

« Or, ne serait-ce pas aller contre notre but, que
d'investir une des autorités que nous instituons du
pouvoir de désorganiser toutes les autres ? car le
sénat aurait bien certainement ce pouvoir, s'il avait
le droit discrétionnaire d'absorber dans son sein,
d'arracher ainsi à leurs fonctions et de remplacer, à
son gré, un ou plusieurs membres de ces autorités.

« Que ce corps soit constitué juge ou jury des questions constitutionnelles; qu'il prononce sur les conflits qui pourraient s'élever à cet égard, entre les dépositaires du pouvoir législatif et ceux du pouvoir exécutif, et qu'il ne le fasse que sur la plainte ou dénonciation des uns ou des autres, et après les avoir entendus, c'est une attribution que la raison avoue et qui mérite bien qu'on en tente l'expérience. Mais armer le sénat du pouvoir dont nous parlons, n'est-ce pas l'ériger en arbitre suprême, en souverain absolu de tous les fonctionnaires et de tous les citoyens? N'est-ce pas lui confier une dictature perpétuelle et arbitraire? Et quand il arriverait que, dans une circonstance critique, extraordinaire, le salut public exigeât le sacrifice d'un citoyen, ne conviendrait-il pas qu'il y fût statué par le concours de toutes les grandes autorités, plutôt que par une seule? N'est-ce pas ce qui s'est pratiqué en Angleterre pour les bills d'*atteinder?*

« Il me semble donc que ce droit, qu'on voudrait conférer au sénat, n'est conforme ni au dogme de la souveraineté nationale, ni à la nature du régime représentatif. Par exemple, vous sentez tous la nécessité de placer à la tête du gouvernement, un chef qui soit revêtu d'une autorité suffisante pour remplir la haute mission qui lui sera confiée. Vous voulez qu'il soit irresponsable et qu'il ne puisse jamais être inquiété pour ses actes, et c'est sur ses agens

5.

que vous faites peser toute responsabilité. Comment
donc pourriez-vous consentir, d'un autre côté, à ce
que ce premier magistrat pût être arbitrairement dé-
pouillé de ses fonctions par le sénat? Ne serait-ce
pas tenir perpétuellement suspendue sur sa tête,
l'épée de Damoclès, et introduire dans votre ouvrage
une contradiction choquante?

« Voyons cependant encore, de quelle utilité
pourrait être l'exercice d'un tel droit. Que veut-on
ici? prévenir ou anéantir toute conspiration qui ten-
drait à bouleverser l'ordre public. Car, sans doute,
s'il arrive qu'un citoyen se signale par de grands
talens ou de grands services, on ne veut pas lui en
faire un crime, ni pour cela seul, le réduire à l'im-
puissance d'être encore utile à la patrie. Il faudrait
au moins, pour être autorisé à prendre contre lui
une telle précaution, qu'il se montrât dangereux
par son ambition, et que l'état fût menacé par lui
d'une ruine prochaine; il faudrait qu'il conspirât.
Or, assurément, un tel citoyen, si ambitieux, si
habile et si considéré qu'on veuille le supposer, ne
pourrait pas conspirer tout seul; il lui faudrait des
partisans nombreux et puissans. Ce citoyen serait en
dehors ou en dedans du gouvernement; s'il était en
dehors, si c'était, par exemple, un général victo-
rieux, chéri de son armée, ayant de plus pour lui le
torrent de la confiance et de la faveur publiques,
que pourrait l'ostracisme dont le frapperait le sénat?

rien que précipiter l'évènement. Car il est bien
clair, que ce général n'entrerait pas dans ce corps,
ou que ses partisans viendraient l'y chercher pour le
proclamer, et le proclameraient, en effet, avec l'ap-
plaudissement public. Contre un tel danger, je ne
vois qu'un remède : c'est un gouvernement qui,
ayant la direction de la force publique et légale,
ayant le droit de nommer et de révoquer les généraux, puisse d'un mot prévenir ou anéantir les prétentions de tout chef militaire, qui voudrait abuser
de ses succès pour s'ériger en conspirateur.

« Supposons maintenant que le citoyen dont nous
parlons soit dans le gouvernement, supposons qu'il
en soit le chef; s'il conspire, ce ne sera que pour
améliorer sa condition; pour rendre, par exemple, son autorité viagère, si elle n'est que tempo-
raire; ou pour la rendre héréditaire dans sa famille, si elle n'est que viagère. Or, dans cette double
hypothèse, ou dans toute autre semblable, je sou-
tiens encore qu'il ne pourrait réussir qu'avec le
concours des principales autorités, qu'avec la faveur
du peuple et de l'armée; ce qui supposerait que le
changement serait généralement desiré. Et alors,
loin de pouvoir l'empêcher, le sénat lui-même se
verrait bientôt forcé d'y consentir, si même, soit par
considération du bien public, soit par intérêt de
corps, il ne se portait comme principal agent de
l'entreprise. »

Après avoir ainsi montré que, dans les temps
ordinaires, un tel droit confié au sénat pouvait
n'être entre ses mains qu'une cause toujours subsis-
tante d'inquiétude, et même un instrument d'entrave et de désorganisation pour le gouvernement;
et que, dans les temps de crise, il ne remplirait pas
le but qu'on se proposait, je demandai qu'il ne fût
pas mis au nombre des attributions de ce corps.
Mes observations furent généralement approuvées;
Sieyès lui-même n'en parut pas surpris; il n'insista
point, et peut-être me sut-il gré d'avoir rendu justice à ses intentions. Je fus ainsi assez heureux pour
prévenir un débat qui eût été extrêmement fâcheux.
Non-seulement mon avis prévalut, mais même le
nombre des membres du sénat fut réduit à 80, dont
60 seraient d'abord nommés, et dont les 20 autres
devaient l'être dans l'espace de dix ans, par l'addi-
tion de 2 chaque année; en sorte qu'il n'y avait pas
même de place pour un appel extraordinaire. Il fut
seulement ajouté que le premier consul sortant, soit
par l'expiration de ses fonctions, soit par démission,
deviendrait sénateur *de plein droit* et nécessairement; et, quant aux deux autres consuls, qu'ils
pourraient aussi, dans le premier mois qui sui-
vrait le terme de leurs fonctions, prendre place
dans le sénat, sans pourtant y être obligés; mais
qu'en cas de démission, ils n'auraient pas cette faculté.

Le sénat n'obtint pas non plus le droit de censure, qu'on voulait lui donner relativement à la composition de la liste nationale. On pensa que ce droit pourrait être considéré comme attentatoire à la souveraineté du peuple.

Telles sont les principales modifications que l'on crut devoir apporter à l'organisation et aux prérogatives du sénat, sans compter que le traitement de chaque sénateur fut réduit au quart de celui que Sieyès lui avait assigné.

Mais le plus grand changement qui fut fait à son plan, est celui qui concernait le gouvernement. Ce fut pourtant l'objet qui souffrit le moins de difficulté. On était généralement d'accord d'abandonner la théorie du grand-électeur et des deux consuls gouvernans, l'un pour l'intérieur, l'autre pour l'extérieur. Car, outre les objections qu'on pouvait faire contre cette forme si nouvelle de gouvernement, il suffisait ici qu'elle fût repoussée par Bonaparte, pour qu'on ne l'adoptât pas. Il était trop évident, en effet, que c'était Bonaparte que le vœu national appelait à la tête des affaires, et qu'il fallait l'investir d'un pouvoir suffisant pour qu'il pût, sans obstacle et sans embarras, employer au service de la patrie son ascendant, son activité et son génie. Et comme la théorie gouvernementale de Sieyès, si bonne d'ailleurs et si excellente qu'elle puisse être, considérée en soi et appliquée à un autre ordre de

choses, ne convenait ni aux circonstances où nous
étions placés, ni à la disposition générale des esprits,
ni enfin au caractère du personnage que l'on regardait comme une nécessité; vouloir l'adopter et la
mettre en pratique, n'eût-ce pas été méconnaître
notre position, tromper l'attente universelle, et
par conséquent manquer en quelque sorte à notre
mission?

J'ai dit précédemment que j'avais promis à Sieyès
de mettre son plan sous les yeux des deux sections,
et je lui avais tenu parole; mais je lui avais promis
de plus de faire un rapport qui servirait d'introduc-
tion à la nouvelle constitution. On peut voir la
première partie de ce travail au moniteur du 22
frimaire an VIII; l'autre n'a pas paru. Celle qui
a été publiée expose les causes des malheurs de la
révolution, et montre la nécessité et le but du 18
brumaire; elle n'était pas la plus difficile à faire. La
seconde partie devait contenir l'apologie de la constitution; j'en avais préparé tous les matériaux;
mais, après avoir assisté aux discussions des commissions, peu satisfait de quelques-uns des changemens apportés aux idées de Sieyès que je n'approu-
vais pas toutes, mais dont j'admirais la profondeur
et la liaison; inquiet des dissensions que présa-
geaient les partis de l'intérieur, plus inquiet encore
des dangers dont notre position extérieure était
pleine, et bien que ma confiance dans le gouver-

nement du premier consul fût entière, cependant, quaud il fallut me faire le panégyriste de la constitution de l'an VIII et la présenter comme devant répondre à tous les besoins du pays, je l'avoue, le doute agita mon esprit et je crus qu'il était sage de m'abstenir.

FIN.

Fac-Similé de l'Ecriture de Sieyès.

Première page de ses notes pour son plan de Constitution, remise à M.r Boulay de la Meurthe.

20 Brumaire, an 8.